“ 遇见你以后的人生，
才开始我们的后半生。”

签名按手印确认开启 ____________ & ____________

1.

游戏日期：______年_____月_____日

① 你们最默契的问答是？

② 你们分歧最大的问题是？

③ 最令你出乎意料的答案是？

④ 你们要做些什么来改进关系？

* 游戏后，请悉心回顾并填写本次游戏情况，记录你们的成长。

⑤ 请根据整体契合度，凭感觉给你们打“心灵默契分”：

0~10	10~20	20~30	30~40	40~50
50~60	60~70	70~80	80~90	90~100

⑥ 预约下次开启游戏日期：__________ 年 _____ 月 _____ 日

2.

游戏日期：______年_____月_____日

① 你们最默契的问答是?

② 你们分歧最大的问题是?

③ 最令你出乎意料的答案是?

④ 你们要做些什么来改进关系?

* 游戏后，请悉心回顾并填写本次游戏情况，记录你们的成长。

⑤ 请根据整体契合度，凭感觉给你们打“心灵默契分”：

0~10	10~20	20~30	30~40	40~50
50~60	60~70	70~80	80~90	90~100

⑥ 预约下次开启游戏日期：________年_____月_____日

3.

游戏日期：______年_____月_____日

① 你们最默契的问答是?

② 你们分歧最大的问题是?

③ 最令你出乎意料的答案是?

④ 你们要做些什么来改进关系?

* 游戏后，请悉心回顾并填写本次游戏情况，记录你们的成长。

⑤ 请根据整体契合度，凭感觉给你们打“心灵默契分”：

0~10	10~20	20~30	30~40	40~50
50~60	60~70	70~80	80~90	90~100

⑥ 预约下次开启游戏日期：__________年______月______日

4.

游戏日期：______年_____月_____日

① 你们最默契的问答是?

② 你们分歧最大的问题是?

③ 最令你出乎意料的答案是?

④ 你们要做些什么来改进关系?

* 游戏后，请悉心回顾并填写本次游戏情况，记录你们的成长。

⑤ 请根据整体契合度，凭感觉给你们打“心灵默契分”：

0~10	10~20	20~30	30~40	40~50
50~60	60~70	70~80	80~90	90~100

⑥ 预约下次开启游戏日期：________年_____月_____日

5.

游戏日期：______年_____月_____日

① 你们最默契的问答是?

② 你们分歧最大的问题是?

③ 最令你出乎意料的答案是?

④ 你们要做些什么来改进关系?

* 游戏后，请悉心回顾并填写本次游戏情况，记录你们的成长。

⑤ 请根据整体契合度，凭感觉给你们打“心灵默契分”：

0~10	10~20	20~30	30~40	40~50
50~60	60~70	70~80	80~90	90~100

⑥ 预约下次开启游戏日期：________年_____月_____日

6.

游戏日期：______年_____月_____日

① 你们最默契的问答是?

② 你们分歧最大的问题是?

③ 最令你出乎意料的答案是?

④ 你们要做些什么来改进关系?

* 游戏后，请悉心回顾并填写本次游戏情况，记录你们的成长。

⑤ 请根据整体契合度，凭感觉给你们打“心灵默契分”：

0~10	10~20	20~30	30~40	40~50
50~60	60~70	70~80	80~90	90~100

⑥ 预约下次开启游戏日期：＿＿＿＿＿年＿＿＿月＿＿＿日

7.

游戏日期：______年_____月_____日

① 你们最默契的问答是?

② 你们分歧最大的问题是?

③ 最令你出乎意料的答案是?

④ 你们要做些什么来改进关系?

* 游戏后，请悉心回顾并填写本次游戏情况，记录你们的成长。

⑤ 请根据整体契合度，凭感觉给你们打“心灵默契分”：

0~10	10~20	20~30	30~40	40~50
50~60	60~70	70~80	80~90	90~100

⑥ 预约下次开启游戏日期：________年_____月_____日

* 游戏后，请悉心回顾并填写本次游戏情况，记录你们的成长。

8.

9.

10.

物品清单	
人生拼图	8 块
人生拼图全景明信片	1 张
拓展卡牌	56 张
棋子	1 个
硫酸纸	1 张
游戏笔记	1 本
骰子	1 个
印泥	1 盒
中性笔	1 支

图书在版编目（CIP）数据

我们的后半生 / 新世相编著. -- 北京 : 中信出版社, 2020.10（2022.4 重印）
ISBN 978-7-5217-2253-6

Ⅰ. ①我… Ⅱ. ①新… Ⅲ. ①心理测验—通俗读物 Ⅳ. ①B841.7-49

中国版本图书馆CIP数据核字(2020)第181730号

我们的后半生

编　　著：新世相
出版发行：中信出版集团股份有限公司
（北京市朝阳区惠新东街甲4号富盛大厦2座　邮编　100029）
承 印 者：北京尚唐印刷包装有限公司

开　　本：787mm×1092mm　1/12　　印　　张：1　　字　　数：10千字
版　　次：2020年10月第1版　　印　　次：2022年4月第3次印刷
书　　号：ISBN 978-7-5217-2253-6
定　　价：188.00元